カナヘイの小動物
ゆるっと♡か
英会話

はじめに

はじめまして、イラストやマンガを描いている、カナヘイと申します。
たくさんの英会話の本の中から、この一冊を手にとってくださりありがとうございます！

この本は、英語の先生である、リサ・ヴォート先生と一緒に作りました。
LINEスタンプのイラストの言葉を、英語にするといったいどんな言葉になるのか。
リサ先生に教えていただく度(たび)に、「ほへー！」と感心することばかりでした。

身の回りにあるカンタンな言葉なのに、いざ英語で言おうとすると、なかなか出てこないフレーズが多いものですね…！

皆さんもページをめくって、イラストが示す言葉を英語で言えるか、ぜひゲーム感覚で、ゆるっと学んでみてください。

英語で話すとき、イラストと英語表現を一緒に思い出していただけたら、すごくうれしく思います。

それではリサ先生にバトンタッチ。

バトンをありがとう。カナヘイさん。
Hello! 皆さんお元気ですか？カナヘイさんの大ファンのリサ・ヴォートです。

この本の特長はなんといっても、ゆるっと遊び感覚で英会話が身についていくイラストブックであることです。
かわいくって、チャーミングで、表情ゆたかなイラストは、読者の皆さんが英語を学ぶのに最適です。
なぜなら、活字だけでは覚えにくかった英語表現も、見るだけで楽しいイラストがあれば、目が自然に覚えてくれるからです。

活字だと長々と説明しなければならないシチュエーション、ちょっとしたニュアンスも、イラストだったら一目で分かります。

音声も、"かわいい声"で収録（日本語→英語の順に流れます）。アニメ番組のワンシーンを聞いているみたいに、発音からしっかり英会話の基本が身につきます。
ぜひダウンロードして、活用してください。

カナヘイ　リサ・ヴォート
Kanahei　Lisa Vogt

HOW TO

本書の使い方

ステップ1
絵にある日本語は、英語ではなんと言うでしょう。

ステップ2
英語ではこのように言います。

🔊マークは発音です。強く言うところを大きくしています。
㊟カタカナ表記は多少音が異なります。

ステップ3
英語フレーズについて、詳しく解説しています。どんなふうに使えばいいのか、しっかり理解しましょう。

音声ファイルダウンロードの手順

① パソコン、タブレット端末、スマートフォンからインターネットで専用サイトにアクセス
Jリサーチ出版のホームページから『カナヘイの小動物 ゆるっとカンタン英会話』の表紙画像を探してクリックしていただくか、下記の URL を入力してください。
   URL http://www.jresearch.co.jp/isbn978-4-86392-243-3/
② 【音声ダウンロード】というアイコンをクリック

単語のところの略式記号

動 動詞	形 形容詞	副 副詞
代 代名詞	名 名詞	助 助動詞
前 前置詞	間 間投詞	

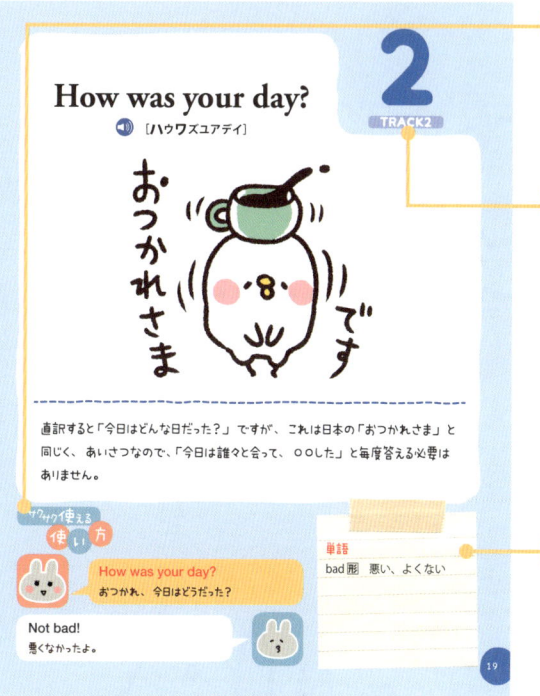

ステップ4
会話文でも使い方をチェックしておきましょう。

ステップ5
音声のトラック番号です。見出し語と会話文の両方とも、日本語→英語の順で音声を収録しています。耳で発音をしっかりチェックしておきましょう。

ステップ6
会話文で出てきた英単語の意味がチェックできます。

③ファイルを選択し、ダウンロード開始
④ファイルの解凍、再生
　音声ファイルは「ZIP形式」に圧縮された形でダウンロードされます。圧縮を解凍し、デジタルオーディオ機器でご利用ください。

※ご注意を！
音声ファイルの形式は「MP3」です。再生にはMP3ファイルを再生できる機器が必要です。ご使用の機器等に関するご質問は、使用機器のメーカーにお願い致します。また、本サービスは予告なく終了されることがあります。

CHARACTER

LINEスタンプでも人気のカナヘイの小動物キャラが登場

小動物と女の子

のほほん系女の子と、あちらこちらでピャッと現れる小動物。

ピスケ&うさぎ

おちゃらけ小動物うさぎと生真面目な鳥ピスケ。

敬語うさぎ
ゆるい敬語で日々がんばっているうさぎ。

ねーねーねこ
語尾がなにかと「ねー」の ねこ。

CONTENTS

あんなとき・こんなときのゆるっと英会話

Chapter 1　あいさつ・気持ち…17

- おはよ！ … 18
- おつかれさまです … 19
- オハヨー … 20
- ごちそうさまでした！ … 21
- どうかお気をつけて！！ … 22
- そんなそんなっ … 23
- あのー… … 24
- じーん… … 25
- ひーん … 26
- あれ？ … 27
- よろしく！ … 28
- こちらこそ… … 29
- ひさしぶりー … 30
- なんと!? … 31
- やったぁぁぁ … 32
- ホッ… … 33
- ガクッ … 34
- 今度ねー … 35
- おめでとうございます！！ … 36
- それはお気のどくに… … 37
- ドキドキ … 38
- おやすみー … 39
- コーヒーブレイク　ズッキューン … 40

Chapter 2　おでかけ…………43

- じゃちょっといってくる … 44
- もうすぐつきます！！ … 45
- ついたよー … 46
- 何かいるものありますか？ … 47
- おかえり！！ … 48
- 帰りたい… … 49
- いってらー … 50
- ふところ具合がねー … 51
- コーヒーブレイク　衝撃の新事実 … 52

Chapter 3　ふだんの生活……55

- かまってちょ… … 56
- ムーリムリムリ！！ムリ！ … 57
- ガンバル！！ … 58
- がんばってねー！！ … 59
- このとおりッ…！！ … 60
- じゃ、そゆことで！！ … 61
- いろいろあったよ … 62
- ほとんど病気ですねー … 63
- ほめてほめてほめてほめてっ … 64
- 会いたいねー … 65
- 今むかってます … 66
- ええはなしや… … 67
- でんわにでんわ… … 68
- 今おきました… … 69
- もうかんべんしてください … 70
- いつでもどうぞー♡ … 71
- ゆっくり休んでください … 72
- どちらでも OK です！！ … 73
- 泣いていません … 74
- もうダメ… … 75
- ゆるしてチョンマゲ … 76
- ごめんなさい！ … 77
- またまたご冗談を … 78
- なーんちゃって … 79
- 信じろ！！ … 80

たぶんイイコトあるよ	81	最高です!!!!!	94
そんなバナナ!!	82	このうめあわせはかならず…!!	95
やっちゃったねー	83	なるほどねー	96
いいよ	84	察した	97
ダメ	85	おもいですか?	98
やるねー	86	あ、べつにだいじょぶ	99
マジ?	87	たのしみです!!	100
なんということでしょう…	88	もちろんです!!	101
まってました!!!	89	いけます!!	102
すばらしいです…!!	90	たぶん…	103
いいですね!!	91	どなたかいらっしゃいませんかー	104
どうしましょう	92	見ましたよ	105
かける言葉が見つかりません…	93	コーヒーブレイク 尊敬のまなざし	106

Chapter4 学校・オフィス…109

よろしくおねがいします	110	おつかれさま…	127
このご恩はけっしてわすれません…!!	111	おまかせ下さい!	128
だいじょうぶですー	112	わかりません!!	129
お手数おかけします	113	今ちょっと手がはなせません	130
チェックしてみます!	114	たすかります!!	131
ごムリなさらず!!	115	こんなことしてる場合じゃないですよ ほんとに…	132
たまたまです!!!	116	ともにがんばりましょう!	133
明日から本気だす	117	ちょっとバタバタしてました	134
まちがえました!	118	ちょっときびしいかもです…	135
それはさておき	119	ちょっとご相談したいことが…	136
しばしおまちください	120	ちょっと休みます	137
おまちしてます!	121	メール送りました	138
申しわけありません…!!	122	かしこまりました	139
りょうかいです!	123	そうしたいのは山々なんですけどねー	140
あとでれんらくします!!	124	確認します!	141
きいてません…	125	だっ…だいじょうぶですよ!!	142
お役にたてずすみません…	126	しばらくお待ち下さい	143
		コーヒーブレイク ギャアアアアアー	144

Chapter5 とっさのとき……147

異議あり!!	148	通報しました	151
タスケテ	149	シーねー	152
すいませんすいませんすいません	150	ん?	153
		コーヒーブレイク ブフーッ	154

INDEX

絵から引ける　さくいん

あ行

	Oh, I'm OK.	99
	I miss you.	65
	I'll do my best... from tomorrow.	117
	I'll get back to you.	124
	Excuse me.	24
	Oops!	27
	Sounds good!	91
	Sure.	84
	Objection, your honor!	148
	I can go!	102
	Any time!	71
	Have a good one.	50
	I just got up.	69
	I'm in the middle of something.	130
	I'm on my way.	66
	It's a long story.	62
	What a heartwarming story…	67

You're back!	48
How was your day?	19
You deserve to rest.	127
'Morning!	18
Rise and shine!	20
Leave it to me!	128
I'll be waiting.	121
Congratulations!	36
Heavy?	98
Sweet dreams.	39

Sorry to trouble you.	113
Sorry not to be of help.	126

か行

I want to go home.	49
I'll make sure.	141
Man!	34
I don't know what to say.	93
Certainly, sir.	139
Pay attention to me!	56
You can do it!	59

I'll do what I can. ······ 58

I was never told. ······ 125

That was tasty. ······ 21

Nice to meet you, too. ······ 29

I'll make it up to you. ······ 95

I will never forget your kindness. ······ 111

I'm begging you. ······ 60

Only do what you can. ······ 115

I'm so sorry. ······ 77

Maybe next time. ······ 35

I don't have time for this. Really. ······ 132

さ行

I'm on top of the world! ······ 94

I get it. ······ 97

It's just between us. ······ 152

I'm touched. ······ 25

It'll be just a moment. ······ 120

Please hold. ······ 143

Well, that's it for now. ······ 61

I'll be back soon. ······ 44

Trust me!	80
Apologies, apologies, apologies.	150
That's awesome!	90
I would if I could.	140
I'm sorry to hear that.	37
Putting that aside,	119
Don't flatter me!	23
Unbelievable!	82

た行

All is well!	112

You're a lifesaver.	131
Help!	149
It should be OK.	142
I can't wait!	100
Probably…	103
I believe good things are coming your way.	81
I got lucky.	116
No way!	85
I'll go check it out.	114
It might be a tad difficult.	135

Do you have a few minutes?	136	Is anybody here?	104
It's been a little hectic.	134	Let's give it our best.	133

な行

Time for a break.	137	Just teasing!	79
I'm here.	46	I'm not crying.	74
I've reported it.	151	Do you need anything?	47
There's no answer.	68	I see.	96
Take care.	22	Amazing!	31
What should I do?	92	Oh my goodness	88
My heart is pounding…	38		
Either is fine.	73		

は行

Boohoo. 26

Long time no see! 30

I'm strapped for money right now… 51

I'm relieved. 33

He's really into it. 63

Tell me I'm great! 64

ま行

Seriously? 87

You must be kidding. 78

I made a mistake. 118

Finally! 89

I saw that. 105

No. No. No. 57

It's been sent. 138

Oh, come on 〜. Let it go. 70

I'm terribly sorry. 122

I'll be there soon. 45

I'm beat. 75

Absolutely! 101

15

や行

 Hooray! ⋯⋯⋯⋯ 32

 You goofed up. ⋯⋯⋯ 83

 Way to go! ⋯⋯⋯⋯ 86

 Have a good rest. ⋯⋯⋯⋯ 72

 Forgive me. ⋯⋯⋯⋯ 76

 Hi! Nice to meet you. ⋯⋯ 28

 Please help me. ⋯⋯ 110

ら行・わ行・ん

 Ten four. ⋯⋯⋯⋯ 123

 No idea in the world! ⋯⋯⋯⋯ 129

 What was that? ⋯⋯ 153

Chapter 1
あいさつ・気持ち

英会話の基本はやっぱりあいさつ。
そこに気持ちを伝える表現も加えて、
言えそうで言えない基本的な英語表現
を集めました。

'Morning!
🔊 [モーニン]

もちろん Good morning! でも OK ですが、ネイティブスピーカーは 'Morning! と簡略化してあいさつすることが多いです。発音は「モーニン」です。最後の g はほとんど聞こえません。

サクサク使える 使い方

'Morning!
おはよう！

'Morning to you, too! How are you?
おはよう！気分はどう？

単語
'Morning
 Good morning（おはよう）の省略形

How was your day?
🔊 [ハウワズユアデイ]

2
TRACK2

直訳すると「今日はどんな日だった?」ですが、これは日本の「おつかれさま」と同じく、あいさつなので、「今日は誰々と会って、○○した」と毎度答える必要はありません。

サクサク使える 使い方

How was your day?
おつかれ、今日はどうだった?

Not bad!
悪くなかったよ。

単語
bad 形 悪い、よくない

19

Rise and shine!
🔊 ［ライゼンシャイン］

誰かを起こしに行くときに使う「おはよう」は Rise and shine! です。元気よく起きて（Rise）、輝かしい日にしましょう（shine）という意味でよく使います。ほかに Wake up!（起きなさい！）という表現も知っておけば、朝の基本あいさつはバッチリでしょう。

サクサク使える 使い方

Rise and shine!
朝だよ、おはよー。

Give me three minutes.
あと3分……

単語
rise 動	立ち上がる
shine 動	光る、輝く

That was tasty.
🔊 [**ダッ**ワズ**テイ**スティ]

英語圏には食事のあいさつが特にありません。代わりに味わった料理の感想をしっかり告げましょう。That was tasty.(おいしかったです)が「ごちそうさま」の意味で使えます。ちなみに「めしあがれ」は Bon appétit.(ボナペティ)。

サクサク使える 使い方

That was tasty.
ごちそうさま、おいしかった。

Thank you. I'm glad you enjoyed it.
ありがとう。楽しんでくれてよかったわ。

単語
tasty 形	（料理が）うまい
glad 形	うれしい

5
TRACK5

Take care.
[ティッケア]

会っていた人と別れるときに使います。careには「注意、気配り」という意味があり、文字通り、帰り道の途中で事故なんかにあわないよう注意してね、と呼びかけています。

サクサク使える 使い方

Take care.
どうかお気をつけて。

Thanks. See you again very soon.
ありがとう。またすぐに会いましょう。

単語
care	名	注意、気配り
see	動	会う、見る

Don't flatter me!
🔊 [ドンフラタミー]

TRACK6

ほめられて照れるときの表現です。「お世辞はよしてよ」と言いたいときに使えます。
うしろに "but thanks."（でもありがとう）を付けるともっと感じがよくなります。

サクサク使える 使い方

You're a genius!
あんたって天才だぁ！

Don't flatter me!
そんなっお世辞はよせよう。

単語
genius	名	天才
flatter	動	お世辞を言う、ほめちぎる

7

TRACK7

Excuse me.

 [エクス**キュー**ズミー]

人に何かを話しかけるときの一声（ひとこえ）です。最初の E はそれほど強く発音しませんので、音声もチェックしておきましょう。

サクサク使える 使い方

Excuse me.
あのー。

単語
excuse 動
許す、容赦（ようしゃ）する

Hi! Please come in.
やあ、こちらへどうぞ。

I'm touched.
🔊 [アイムタッチトゥ]

touch はもちろんタッチ（触れる）の意味です。ではここでは何に触れているのかというと、「心の琴線（きんせん）」に触れています。だから I'm touched. で「感動した」という意味を伝えられます。How touching. も同じ意味でよく使われます。

サクサク使える 使い方

This is for you.
これ、どうぞ。

I'm touched.
じーん。

単語
touch 動
触れる、感動させる

Boohoo.

 ［ブーフー］

ひーん

なんだかツラいことがあったときに、よく使うオノマトペ（擬音語）です。

サクサク使える 使い方

Boohoo.
ひーん。

What's wrong?
どうしたの？

単語
boohoo 動
　ワーワー泣き騒ぐ
wrong 形 思わしくない

Oops!
🔊 [ウーップス]

あれ？

おっと！しまった！うわっ！のように、へまをしたり、驚いたときによく使うのが Oops!。読み方は「ウーップス」です。それほど深刻ではない、軽めのオドロキで使います。

サクサク使える 使い方

Are these numbers right?
数字あっていますか？

Oops!
あれ？

単語
right	形	正しい
oops	間	しまった、こりゃどうも

11

TRACK11

Hi! Nice to meet you.
🔊 ［ハイ ナイス トゥ ミー チュー］

はじめて会った人と交わす最初のあいさつがこれです。「あなたと会えてうれしい」という気持ちを表現していて、日本語の「よろしく」と同じ感覚で使うあいさつです。

サクサク使える 使い方

Hi! Nice to meet you.
やあ、はじめまして。

Nice to meet you, too. I'm Lisa.
こちらこそはじめまして。私はリサです。

単語
meet 動
会う、偶然出くわす

Nice to meet you, too.
🔊 [ナイストゥミーチュートゥー]

こちらこそ…

左ページの「はじめまして」に対して、返す言葉がこれです。ほとんど左ページと同じですが、最後に too をつけます。Nice のところは Great、Wonderful、Fantastic、Good などでも OK だし、下の例文のように相手と同じ形容詞でなければならないということもありません。

サクサク使える 使い方

It's wonderful to meet you!
はじめまして。

Nice to meet you, too.
こちらこそ、はじめまして。

単語
too 副　〜も、そのうえ

TRACK12

Long time no see!
🔊 [ロングタイムノゥスィー]

長い間（Long time）会っていない（no see）→ 久しぶり、とまさに文字通りの決まり文句です。

サクサク使える 使い方

Long time no see!
久しぶりだね！

How long has it been?
どのくらいぶりだっけ？

単語
long	形	長い

Amazing!
[アメイズィン]

「なんと」「たいしたものだ」「すごいわ」と、誰かの行為や何かの技術が驚くほど素晴らしかったとき、ほめ言葉として使います。

 I won a car in a drawing.
くじびきでクルマが当たった。

Amazing!
なんと！？

単語
amazing 形 びっくりするような、すばらしい
drawing 名 抽選会

15
TRACK15

Hooray!
🔊 ［フーレイ］

Hooray!の発音は「フーレイ！」です。サッカー選手がファンタスティックなゴールを決めたときなど、喜びを祝う気持ちが込められます。

サクサク使える 使い方

We won.
俺たちが勝ったぞ。

Hooray!
やったーー！

単語
win	動 勝つ
hooray	間 万歳！、やったー！

I'm relieved.

[アイムリリーヴトゥ]

TRACK16

---

relieveには「楽にさせる」「安心させる」という意味があり、
I'm relieved.と言えば「ホッとしました」と伝わります。

サクサク使える 使い方

The box arrived.
箱が届きました。

I'm relieved.
ホッとした。

単語
arrive 動	届く、到着する
relieve 動	やわらげる、楽にする

17
TRACK17

Man!

[ンマン]

「あちゃー」「またやってもーた」みたいな雰囲気で、落ち込む間際(まぎわ)によく発するひとことです。読み方は Maaaaannn と少しねちっこく。

サクサク使える 使い方

Man!
ガクッ。

The app crashed again?
またそのアプリ、固まったの?

単語
man	間	なんてこった
app	名	アプリ（application soft の略）
crash	動	こわれる

Maybe next time.
[メイビィネクスタイム]

TRACK18

今はダメだけど、また次の機会にねー、と言いたいときの表現です。日常の会話でいつも出てきそうですね。覚えておきましょう。

サクサク使える使い方

Let's climb Mt.Fuji!
富士山に登ろう！

Maybe next time.
また今度ね。

単語
climb 動	登る
maybe 副	たぶん

19
TRACK19

Congratulations!
[コングラッジュレイションズ]

動詞 congratulate は「(誰かが自分の力で成し遂げたことや成功を) 祝う」という意味で、名詞化した一語で伝わります。一番うしろに必ず複数形の s が必要なのは、お祝いする言葉や願いが 1 つではなく、たくさん込められているんですよ、という考え方だからです。Thanks.(ありがと)と同じですね。

使い方

Congratulations!
おめでとうございます！

単語
congratulations 名
おめでとう

Thank you. I'm so happy!
ありがとう。すごくうれしいです。

I'm sorry to hear that.

[アイムソーリートゥヒアダッ]

TRACK20

そういうお気のどくに…

相手の人に何かよくないことがあった場合に、「残念だったね」「気の毒だったね」と気遣う表現です。

サクサク使える 使い方

> I didn't pass the test.
> 試験に受かりませんでした。

> **I'm sorry to hear that.**
> それはお気のどくに。

単語
- pass 動 通過する
- sorry 形 気の毒に思って
- hear 動 聞く

21
TRACK21

My heart is pounding...
[マイハーティズパウンディン]

ドキ ドキ

意味は「心臓がばくばく鳴っている」です。「緊張している」と言いたいときは、ほかに I'm nervous.[アイムナーヴァス] でも OK です。

サクサク使える 使い方

> Your speech is next.
> 君のスピーチ、次だよ。

> My heart is pounding.
> ドキドキしています。

単語
- speech 名 演説、スピーチ
- heart 名 心臓、胸
- pound 動 ドキンドキンと打つ、ぽんぽん鳴らす

Sweet dreams.
🔊 [スウィーッドゥリームズ]

22
TRACK22

おやすみ、

一般的に Good night. もよく聞きますが、Sweet dreams. も同じくらい多く使います。同じ言葉でもいろいろなバリエーションを言ってみるのが楽しいですよね。

サクサク使える 使い方

I'm going to bed now.
もう寝ます。

Sweet dreams.
おやすみ。

単語
sweet 形 楽しい、心地よい
dream 名 夢

COFFEE BREAK

Lovestruck

うさぎ

ズッキューン

かわいいスタンプね

先生、とうとうわたし……
とうとうわたし……

ど、どうしたの？

恋をしてしまいました！

お相手はかわいい子なの？

は、はい。Cute、いえ Pretty、いや Lovely……ん？どれだろう

はいはい、それではわかりやすくまとめておきましょう

かわいいの仲間

カワイイ
cute
[キュート]

愛らしい
lovely
[ラブリィ]

美人
pretty
[プリティ]

人柄がいい
sweet
[スウィート]

- cute　　若くて無垢なかわいさ
- pretty　美人
- lovely　愛らしい、ステキ
- sweet　人柄がいい、やさしい

Chapter 2
おでかけ

おでかけといえば、出会いと別れと待ち合わせ。言葉を交わすことの多いシーンを切り取りました。英語でどんなふうに言えばいいのか、チェックしてください。

23

TRACK23

I'll be back soon.
[アイウビィバックスーン]

じゃちょっといってくる。

「ちょっと行ってくる」だから go を使うと思ったら大間違い。こういうシーンでは映画『ターミネーター』でおなじみ I'll be back を使います。

サクサク使える 使い方

I'll be back soon.
じゃ、ちょっといってくる。

OK, see you!
うん、またあとで。

単語
I'll　I will の略
back 副　もとの場所へ、戻って

I'll be there soon.
[アイウビィデアスーン]

もうすぐ つきます!!

Will。この未来を表す助動詞を使って、「まもなく私はそこにいるでしょう」と伝えます。I'm almost there. も同じ意味でよく使います。

サクサク使える 使い方

I'll be there soon.
もうすぐ着きます。

Thanks for the update!
連絡ありがとう。

単語
there 副 そちらに、そちらへ
update 名 最新情報、最新版

25
TRACK25

I'm here.
[アイムヒア]

（ついたよー）

「着く」というと arrive の印象が強いですが、英会話ではこのようにシンプルな表現で OK です。帰り着く場所が「家」でなく「会社」や「教室」などの場合は、I'm here. と言います。「家」なら I'm home. です。

サクサク使える 使い方

- I'm here.
  俺、参上！

- Finally!
  お、やっと来たな！

単語
here 副 ここに、ここへ
finally 副 ついに、やっと

Do you need anything?
[ドゥユーニードエニスィン]

何かいるもの
ありますか？

たまごとか

---

anythingはいろいろと便利な単語です。「何か」つまり、まだ何も定まっていないときには、疑問文の場合は何でもanythingでいいんです。肯定文の場合はsomethingを使います。

サクサク使える 使い方

Do you need anything?
何かいるものありますか？

Eggs to make an omelet.
タマゴ、オムレツ作るから。

単語
need	動	必要とする
egg	名	タマゴ
omelet	名	オムレツ

27

TRACK27

You're back!
[ユアバック]

おかえり!!

同じ意味で"Welcome back!"と言ってもOKです。「戻ってきた!!」と喜びを表したいときによく使います。

サクサク使える 使い方

- I'm home!
  ただいまー!

- You're back!
  おかえりー!

単語
home 副 わが家へ、帰って

I want to go home.
🔊 ［アイワナゴーホゥム］

帰りたい…

しんどくて家に帰りたくなるときって、誰にでもありますよね。そういうときは無理せず、ちゃんと伝えましょう。

サクサク使える 使い方

- Shall we do one more?
  もういっちょう、やるかい？

- I want to go home.
  おうちに帰りたい。

単語
Shall we	〜しましょうか
one more	もう一つ、もう一回

29
TRACK29

Have a good one.
[ハヴァ グッ ワン]

家族を送り出すときは何かひとこと言ってあげたいものです。英語では「いってらー」と親しい間柄の人に軽めに言うときはこのように言います。「いってらっしゃい」ときちんと言うなら Have a good day.

サクサク使える 使い方

> I'm leaving now.
> 今から出てきます。

> Have a good one.
> いってらー。

単語
leave 動　出発する

I'm strapped for money right now...

🔊 ［アイムストラップッフォマニィライナウ］

ふところ具合がね、

---

strapは「たづな」のことです。携帯ストラップからも連想できますね。「しばられて自由がない」ことから口語的に「お金がなくて、すかんぴん」な状況をこのフレーズで表すことができます。

サクサク使える 使い方

Let's go shopping this weekend.
今週末、ショッピングに行きましょうよ。

I'm strapped for money right now.
今ちょっとふところ具合がねー。

単語
strap	名	たづな
	動	しばる

COFFEE BREAK

☕ Shocking new facts

リサ

衝撃の新事実

> どうしたんですか？
> 血相かえて

> 紫外線をあまり避けるとビタミンD欠乏症になるんだって

> 浴びすぎは肌によくないけど、避けすぎもいけないんですね

> ずーっと避けてきたの、ほんと stunned だわ

> surprised じゃなくて？

> surprised はうれしいときに使うことが多い英語ね

> シチュエーションによって「驚く」は使い分けるんですか？

> そうなの。わかりやすくまとめておきましょう

驚くの仲間

- うれしい **surprised** [サプライズトゥ]
- 感動的 **amazed** [アメイズド]
- びっくり仰天 **astounded** [アスタウンディド]
- びっくり **astonished** [アストニッシュトゥ]
- 言葉を失う **stunned** [スタンド]

- surprised　びっくり（予期しないことで、うれしい）
- astonished　驚いた（ぼう然となるくらい）
- amazed　ちょっと感動的
- astounded　びっくり仰天、ぶっ飛び（常識では考えられないことで）
- stunned　かなり衝撃的（言葉を失うくらい）

Chapter3
ふだんの生活

朝から晩まで日常生活でよく使う表現を集めました。イラストの表情を見れば、微妙な言葉のニュアンスも分かります。どれも英会話の必須表現です。覚えておいてソンはなし。

31
TRACK31

Pay attention to me!
🔊 [ペイア**テン**シュントゥミィ]

かまってちょ…

なんだか急に人恋しくなるときってありますよね。誰かに相手してほしいときの表現です。attention は「注意・注目」です。I miss you I want your attention…なんて言われると放っておけなくなりますね。

サクサク使える 使い方

Hey, pay attention to me!
かまってちょうだいよ！

I told you, I'm busy!
忙しいっつってんでしょうが！

単語
pay 動 払う、与える
attention 名 注意、注目

No. No. No.
🔊 ［ノゥノゥノゥ］

何か人に頼まれ、そっこうで拒絶したい場合、シンプルに No. No. No. と「No」を連発します。英語のほうも No の数が多いほうが拒絶度が高いです。

サクサク使える 使い方

Please sing in front of everybody!
みんなの前で歌ってよ！

No. No. No.
ムリムリムリ。

単語
sing 動 歌う

33

TRACK33

I'll do what I can.
[アイウドゥ**ワ**ダイキャン]

ガンバル!!

「やるだけやってみます」＝「がんばる」という表現で、何か目的に向かって、力を尽くそうと宣言するときに使います。

サクサク使える 使い方

Can you check this for me?
私のためにこれを確認してくれない？

I'll do what I can.
がんばります。

単語
check 動　確認する

You can do it!
[ユーキャンドゥイッ]

34
TRACK34

英語ではこの「君ならできるよ」が「がんばってね」の励(はげ)ましの言葉としてよく使われます。

サクサク使える使い方

> The test is tomorrow.
> テストは明日です。

> **You can do it!**
> がんばってね！

単語
test 名 試験、テスト

35
TRACK35

I'm begging you.
[アイムベギンユー]

このとおりッ…!!

「頼むから！」「お願いだから！」と誰かに何かを強くお願いしたいときに使う表現です。本当に切迫した場面ではもちろん、ちょっと大げさにおどけてみせる場合にも使われます。

サクサク使える 使い方

> **I'm begging you.**
> このとおりッ！！

> I'll think about it.
> 考えとく。

単語
beg 動	頼む、懇願（こんがん）する
think 動	考える

Well, that's it for now.

[ウェル ダッツィッフォナウ]

じゃ、そゆことで!!

That's it. で「それだけ」「以上です」という意味があるので、それも一緒に覚えておきましょう。日曜日に一緒に遊ぶ友達と待ち合わせ場所を決めて、「それじゃあね」と解散するときなどに使えます。また、ディスカッションの最後にWell, that's all for now.(ここまでにしよう)という使い方もよくされます。

サクサク使える 使い方

Well, that's it for now.
じゃ、そういうことで。

OK, see you on Sunday!
オーケー、じゃあ日曜日に。

単語
for now　さしあたり、今のところは

37

TRACK37

It's a long story.
🔊 [イッツァロングストーリィ]

いろいろあったよ

細かいことにまで立ち入って詳しく話したくないという場合に使える表現です。「話せば長くなるから、その話はしたくない」という状況でも使えます。It's a long long story. と long を2回も言うこともあって、どれだけ多くのことがあったか、大変だったか、を伝えます。

サクサク使える使い方

Where have you been?
どこ行ってたのよ?

It's a long story.
いろいろあったんだ。

単語
story 名 話

He's really into it.

[ヒィズリーリィイントゥイッ]

TRACK38

ほとんど病気
ですねー

何かが好きすぎて、他人から見るとへき易(えき)するくらいの熱中さに対し、よく使う言葉です。

サクサク使える 使い方

He continued juggling the soccer ball for ten hours!
彼はリフティングを10時間も続けました。

He's really into it.
ほとんど病気ですね。

単語
really 副 まったく、実に
into 前 〜に夢中になって

39

TRACK39

Tell me I'm great!
🔊 [テルミィアイムグレイト]

ほめて ほめて ほめてっ

「ほめる」という動詞は praise ですが、ここでは難しい単語は使わずに言える表現を取り上げました。日常英会話ではこうした簡単な表現が好まれるのです。

サクサク使える 使い方

Tell me I'm great!
ほめてほめて！

Usagi-chan, you are a genius.
うさぎちゃん、あなたって天才ね。

単語
tell 動 告げる、言う
great 形 すぐれた

I miss you.

[アイミスユー]

TRACK40

会いたいね、

I miss you.は「あなたがそばにいなくて寂しい」「あなたが恋しい」→つまり「あなたに会いたい」という意味で、とてもよく使われているフレーズです。同窓生や元同僚など複数のときは、I miss everyone.（みんなに会いたいよー）です。

サクサク使える 使い方

We haven't seen each other for a long time.
もう僕らは長いこと会っていない。

I miss you.
会いたいよ。

単語
each other	お互い
miss 動	（いないので）寂しく思う

41
TRACK41

I'm on my way.
🔊 [アイムオンマイウェイ]

今むかってます

on the way には「〜する途中で」という意味があり、「〜へ行く途中で」「〜へ来る途中で」のように移動の途中であることを示します。

サクサク使える 使い方

Where are you?
どこにいますか？

I'm on my way.
今むかってます。

単語
way 名 道のり、方面

What a heartwarming story…

[ワダ**ハート**ウォーミン**ス**トーリー]

TRACK42

***

heart（心）が warm（温まる）で heartwarming story「いいお話」という表現は一つ覚えておきたいですね。もちろん25ページと同じく touch を使って What a touching story. と言っても OK です。

サクサク使える 使い方

What a heartwarming story.
ええはなしや。

I thought so, too.
私もそう思うよ。

単語

heartwarming	形	心温まる
thought	動	think（思う）の過去形

43

TRACK43

There's no answer.
🔊 [デアズノゥアンサー]

でんわに でんわ…

電話による相手からの声というのは、answer（答え）を使います。こちらから投げかけた声に対して、答え（応え）てくれるからです。

サクサク使える 使い方

There's no answer.
電話にでないわ。

What can we do?
困ったねえ。

単語
answer	名	返事

I just got up.
[アイジャス**ガ**ラップ]

今
おきました…

「たった今、起きました」と言うときは just を使います。時計を見てびっくり。
「しまった。寝過ごした！」と言うときは I overslept. です。

サクサク使える 使い方

I just got up.
今おきました。

Unbelievable! Do you know what time it is?
信じられない！今何時だと思ってるの？

単語	
just 副	たった今
get up	起きる
unbelievable 形	信じがたい

TRACK44

45

TRACK45

Oh, come on~.
Let it go.

🔊 [オウ カモーン レリゴゥ]

もうかんべんしてください

困ったことや予想外のことが起きて、「勘弁してくれ」「どうしてこうなるんだっ！」というときに気持ちを込めた come on ～が使われます。Let it go. も「行かせて」→「解放して」→「許して」という意味になります。

サクサク使える 使い方

> I'm still angry.
> まだ怒ってるから。

> Oh, come on ~ . Let it go.
> もうかんべんしてよー。

単語

still	副	まだ
angry	形	怒って
let	動	～させる

Any time!
[エニィタイム]

いつでも
どうぞ～ ♡

sometimes (ときどき) に対して、any time は「いつでも」です。
最初の [エ] を強く発音します。

サクサク使える 使い方

Thank you for letting me use your printer.
プリンターを使わせてくれてありがとう。

Any time!
いつでもどうぞ！

単語
printer 名　プリンター
any 形　どんな〜でも

47

TRACK47

Have a good rest.
[ハヴァ**グッ**レスッ]

ゆっくり休んでください

rest は「休息」という意味です。Have a good weekend.（よい週末を）というのと同じように、よい休息をとってねと言います。

サクサク使える 使い方

Have a good rest.
ゆっくり休んでください。

Thanks, I need it!
ありがとう、私には休憩が必要なの！

単語
rest 名 休み、休息

Either is fine.
[イーザーイズ ファイン]

どちらでもOKです!!

2つの選択肢のなか、「どっちでもいいよ」と言いたいとき、便利に使える表現です。

サクサク使える 使い方

This one or that one?
こっちかそっちか？

Either is fine.
どっちでもいいよ。

単語
either 代 （二者のうちの）どちらか一方、どちらでも

49

TRACK49

I'm not crying.
[アイムナックライン]

泣いてません

「泣く」という動詞は cry です。cry には「叫ぶ」という意味もあります。ちなみに「泣き虫」は crybaby です。

サクサク使える 使い方

I'm not crying.
泣いてません。

Don't pretend. Go ahead and cry.
強がらないで。泣いていいよ。

単語
cry	動	泣く
pretend	動	うそぶく、まねする
go ahead		さあどうぞ

I'm beat.
[アイムビートゥ]

50
TRACK50

もうダメ…

beatは形容詞で「疲れきって、へとへとで」という意味です。I'm beat. と言うと、「ああ疲れた」「へとへとだ」を表現できます。I'm exhausted. [アイムイグゾースティ] や I'm worn out. [アイム**ウォ**ーナウ] もよく使います。

サクサク使える 使い方

> I'm beat.
> もうダメ。

> So am I. Let's take a break.
> 私も。休憩しましょう。

単語
- beat 形 疲れきって、へとへとで
- break 名 休憩

51
TRACK51

Forgive me.
[フォーギヴミィ]

ゆるしてチョンマゲ

頭に Please をつけて、さらに丁寧に Please forgive me. と言っても OK です。「私を許して」と言っています。

サクサク使える 使い方

- Forgive me.
  ゆるして。

- I forgive you.
  ゆるすよ。

単語
forgive 動 許す、大目に見る

I'm so sorry.

[アイムソウソーリー]

ごめんなさい！

左ページの Forgive me. に対して、こちらは丁重に謝るときの表現です。so は very (とても) と同じ意味ですが、会話では so がよく使われます。

サクサク使える 使い方

I'm so sorry.
ごめんなさい。

This is the third time!
これで3回目だよ！

単語
so 副 とても
sorry 形 気の毒に思って

53

TRACK53

You must be kidding.
🔊 [ユーマスビィ**キ**ディン]

またまたご冗談を

相手の言ったことが信じられないとき、「冗談でしょう!」と言いたくなったら、この表現。kidding は kid(子ども)の ing です。「子どもじみたこと」→「冗談(からかう)」と連想すれば、すぐに覚えられそうですね。

サクサク使える 使い方

> You are the prettiest person I've ever met.
> 今まで会った人で君が一番きれいだ。

> You must be kidding.
> またまたご冗談を。

単語
pretty	形	きれい、かれんな
person	名	人
kid	動	からかう

Just teasing!

[ジャスティーズィン]

TRACK54

なーんちゃって

teaseは「からかう」という意味の動詞です。おバカなことをして相手のリアクションを楽しむ、ふざけ合うなど、左ページのkiddingよりもさらにいたずらっぽい「からかい」も含みます。

サクサク使える 使い方

Really? You typed it with your toes?
ほんとに？ 足の指でタイプしたの？

Just teasing.
なーんちゃって。

単語
- type 動 タイプする
- toe 名 足指、つま先
- tease 動 からかう、悩ます

55

TRACK55

Trust me!
🔊 [トゥラストミィ]

trustは「(人を)信頼する」という意味です。私という人間を信頼してくれ！というわけで、強い意志をもつときに使います。そのため、相手もTrust me!と言われると、その言葉の重みを受け止め、信頼したくなります。

サクサク使える 使い方

- Can you fix it?
  それ直せますか？

- Sure. Trust me.
  大丈夫。私を信じて。

単語
fix 動	修理する
trust 動	信用する

I believe good things are coming your way.

56
TRACK56

[アイビリーヴ グッスィングスアー カミンヨーウェイ]

友達や同僚をなぐさめるときに使えるフレーズです。
「たぶん」は"I believe"で表すことができます。

サクサク使える 使い方

I believe good things are coming your way.
たぶんいいことあるよ。

I hope so.
そう願うよ。

単語
- believe 動 思う、信じる
- hope 動 願う
- so 副 そのように

57

TRACK57

Unbelievable!

🔊 [アンビリーヴァボウ]

---

believeは「信じる」です。その前後にUnとableがついています。Unは否定を表し、ableは可能（〜できる）を表します。Un「信じる」able = 信じられない、の完成です。

サクサク使える 使い方

The tree moved.
その木が動いたんです。

Unbelievable!
そんなばかな！

単語
move 動	動く
unbelievable 形	信じがたい

You goofed up.
[ユーグーフダッ]

TRACK58

やっちゃったね、

たとえば職場の同僚が朝から会議があったというのに、寝坊して遅刻してきたときなど、「あらら〜、やっちゃったねー」と同情しながら言う表現です。
goof は「失敗する、へまをやる」という意味の動詞です。

サクサク使える 使い方

You goofed up.
やっちゃったねー。

I know. I won't make that mistake again.
わかってる。もう二度とまちがえない。

単語
goof 動	へまをやる、失敗する
won't	will not の略
mistake 名	ミス、まちがい

59
TRACK59

Sure.
[シュア]

「いいよ」

人から何かを頼まれたとき、こころよく OK するときは Sure.（もちろんいいよ）と言って引き受けます。

サクサク使える 使い方

Can I use your phone?
あなたの電話使ってもいい？

Sure.
いいよ。

単語
sure 副 いいですとも、もちろん

No way!
[ノゥ ウェイ]

TRACK60

英語圏に行くと No way. をよく聞きます。直訳すると「方法がない」、つまり「ダメ」「いやだ」「ありえない」という意味で使えます。

サクサク使える 使い方

- Let's take this home.
  これを家に持って帰ろう。

- No way!
  だめ!

単語

let's	〜しましょう
	※ let us の略
take 動	持って行く
no way	絶対だめ、いやだ

61
TRACK61

Way to go!
[ウェイトゥゴウ]

やるね、

後輩や同僚が思いがけずいい仕事をしてくれたときなど、「やるねー」「やるじゃん」と脇腹(わきばら)をこづきたくなりますよね。そんなときによく使う表現です。

サクサク使える 使い方

Way to go!
やるねー！

Thanks, I got a lot of help.
ありがと、たくさん助けてもらったからね。

単語
(That's the) way to go!
　　その調子！
　　※応援のかけ声
help 名　助け

Seriously?
[スィリアスリィ]

マジ?

驚きながら「マジ?」と相手に言うときの表現。Whoa!（ウォァ！）も同じ状況で使えます。

サクサク使える 使い方

That dog ate my passport!
あの犬が私のパスポートを食べちゃったよ！

Seriously?
マジ？

単語
ate 動　eat（食べる）の過去形
seriously 副　まじめに、本気で

Oh my goodness...
[オーマイグッネス]

なんということでしょう...

Oh my god. と同じ意味ですが、ご存知の通り god は神ですから神の名を軽々しく口にすることに抵抗を感じる人は実は少なくありません。そのため Oh my goodness. や Oh my gosh. [オーマイゴッシュ] という表現がおすすめです。

サクサク使える 使い方

> My ice cream is melting!
> 私のアイスが溶けてる！

> Oh my goodness.
> なんということでしょう。

単語
melt 動　溶ける
goodness　※ god（神）の婉曲語として驚き表現に用いる

Finally!
[ファイナリィ]

まってました!!!
ズザァッ

ここでは「待つ」だから wait ではありません。Finally!（ついに）を使って、「ついに来た」=「待っていました」と言えば、とてもシンプルになります。

サクサク使える 使い方

- Here comes Santa Claus!
  サンタさんが来た！

- Finally!
  待ってました！

単語
finally 副 ついに、とうとう

65
TRACK65

That's awesome!
🔊 [ダッツオーサム]

すばらしいです…!!

awesomeを分解すると、「awe」と「some」。「awe」は「畏怖・畏敬の念を起こさせる力」という意味で、それにsomeがつくと形容詞になって、それを持つ者や事という意味になります。今風のすごいことを表す「やばい」もこれになります。

サクサク使える 使い方

I got the Grand Prize.
グランプリを取ったぞ。

That's awesome!
すごい!

単語
got	動	get（得る）の過去形
awesome	形	すばらしい、うやうやしい

Sounds good!
[サウンズグッ]

いいですね!!

That sounds good. が省略された形です。Thatに当たる部分は相手が言ったこと。つまり、「あなたが言ったこと、私もいいと思いますよ」というニュアンスが含まれています。

サクサク使える 使い方

How about some summer rolls?
生春巻きはどう？

Sounds good!
いいですね！

単語
- summer rolls 名　生春巻き
- ※ spring rolls 名　火の通った春巻き
- sound 動　～のように思われる

67

TRACK67

What should I do?
[ワッシュダイドゥ]

どうしましょう

困ったときや、どうすればいいのかわからないときなど、What should I do?（どうしましょう）と独り言にも使います。

サクサク使える 使い方

What should I do?
どうしましょう？

How about changing the design?
デザインを変えるのはどうですか？

単語
change 動　変える
design 名　デザイン

I don't know what to say.

[アイドンノウ ワットゥセイ]

かける言葉が
見つかりません…

「なんと言ったらいいかわかりません」という意味です。I don't know how to say it. になると、「どう言ったらいいかわかりません」になります。言う内容（言葉）が思いつかないなら what、言い方がわからなければ how です。

サクサク使える 使い方

It's the seventh time he's gotten dumped.
彼、女性にフラれるの7回目だよ。

I don't know what to say.
かける言葉が見つかりません。

単語

seventh time　7回目
dump 動　やっかい払いする
say 動　言う

69
TRACK69

I'm on top of the world!
🔊 ［アイモン**タッ**プオヴダ**ワー**ルド］

最高です!!!!!

カーペンターズの曲のタイトルでおなじみの I'm on top of the world! です。世界の頂 (top) にいる気持ち。つまり最高の気持ちを表しています。

サクサク使える 使い方

> You look happy.
> 楽しそうだね。

> **I'm on top of the world!**
> 最高だよ！

単語
look	動	〜に見える
top	名	最上部

I'll make it up to you.

[アイウメイキラップトゥユー]

TRACK70

このうめあわせは
かならず…!!

---

make it upで「埋め合わせをする」という意味です。発音は「メイキラッ」。
Promise me that you'll make it up.(埋め合わせするって約束して)
という言い方もよく聞きます。

サクサク使える 使い方

I'll make it up to you.
この埋め合わせは必ずします。

Don't worry about it.
気にしないでいいって。

単語

worry 動 心配する

71

TRACK71

I see.

[アイスィー]

なるほどね、

---

see には「見る」のほか、「わかる」「理解する」という意味があります。あいづちとしても、よく使うフレーズです。

サクサク使える 使い方

Put the money in first, then push the button.
まずお金を入れて、ボタンを押すんです。

I see.
なるほど。

単語

put 〜 in	〜を入れる
money 名	お金
first 副	まず、最初に
push 動	押す
button 名	ボタン
see 動	分かる

I get it.
🔊 ［アイゲリッ］

72
TRACK72

コクン…

（察した）

イラストでは何も言わず、心の中で思っている言葉です。もしこれを口に出すとしたら、こういう表現になります。かわいいですね。コクンを言葉に表すと"Check"です。心の中で察し、わかったとチェックマークをつける感じです。

サクサク使える 使い方

He is in a bad mood because his girlfriend broke up with him.
あいつ、彼女に振られて機嫌がわるいの。

I get it.
察した。

単語
bad mood	機嫌がわるい
break up	別れる

73
TRACK73

Heavy?
[ヘヴィ]

おもいですか？
おもいです…

海外旅行に行くと、スーツケースやショッピングバッグで重い物を運ぶことが多いですね。ずっしり重いものは heavy です。heavy drinker（大酒飲み）、heavy smell（きついニオイ）、heavy traffic（激しい交通）、heavy rain（大雨）も英会話でよく耳にします。

サクサク使える 使い方

Heavy?
おもいですか？

Heavy.
おもいです。

単語
heavy 形	重い、耐えがたい

Oh, I'm OK.

[オーアイムオーケイ]

あ、べつに だいじょぶ

TRACK74

何か必要かと聞かれたり、勧められたりしたとき、「要らないよ」と伝える表現です。No.(要らない) では、少しぶっきらぼうに聞こえますので、やや丁寧な I'm OK. はおすすめのフレーズです。

サクサク使える 使い方

Do you need anything?
何かいる?

Oh, I'm OK.
あ、べつにだいじょうぶ。

単語
- anything 代 何か
- OK 形 だいじょうぶ

75
TRACK75

I can't wait!
[アイキャンッ**ウェ**イッ]

たのしみです!!
ソワ ソワ

何かをもらったり、誰かに会えたりする前のどきどき感を表しています。「待ちきれない！」というニュアンス。

使い方

See you soon!
またすぐ会おうね！

I can't wait.
たのしみです！

単語
soon 副 まもなく、もうすぐ
wait 動 待つ

Absolutely!
🔊 ［アブソルーッリィ］

もちろんです!!

相手の人にうながされて、喜んでやります、行きます、と言いたいときのひとことがこれです。

サクサク使える 使い方

> Would you help me?
> 手伝っていただけますか？

> Absolutely!
> もちろんです！

単語
absolutely 副 絶対的に、無条件に

77

TRACK77

I can go!
[アイキャンゴウ]

いけます!!!!

たとえば職場で、本来は担当業務でないイレギュラーな仕事に対して、手を挙げて「私、いけます!」と言う場合などに使います。

サクサク使える 使い方

- We need someone.
  人手が要るんだが。

- I can go!
  私、いけます!

単語
someone 代 ある人、だれか

Probably...
[プラバブリィ]

たぶん…

自信のなさが表れていますが、学校や職場にはこういう状況、よくありますよね。

使い方

You can do it, right?
君ならできるさ、だろ？

Probably...
たぶん…

単語
probably 副　たぶん、十中八九は（じゅっちゅうはっく）

Is anybody here?
[イズ エニバディ ヒア]

> どなたか いらっしゃいませんか——

店に入ったけど、店員さんがいない。そんな場合に使ってみましょう。大きな声で"Hello?"と言ってもOKです。

サクサク使える 使い方

Is anybody here?
どなたかいらっしゃいませんか？

Oh, sorry. I was in the back.
あ、ごめんなさい。裏にいました。

単語

anybody	代	だれか
back	名	後ろ、裏

I saw that.

[アイソウダッ]

見ましたよ

誰かの弱みを見つけたとき、怪しげにこうつぶやきます。

サクサク使える 使い方

I saw that.
見ましたよ。

What? What did you see?
な、なにを見たっての？

単語

saw 動 see（見る）の過去形

COFFEE BREAK

Worshipping Eyes

うさぎ

尊敬のまなざし

あら、だれに対して？

上司が私のミスをかばってくれたんです

まあ！部下のミスは自分のミス…というわけね

上司のかがみです

最上級の admire ね

respect じゃだめなの？

うーん、ちょっと違うのね。わかりやすくまとめておきましょう

尊敬のなかま

尊敬
respect
[リスペクト]

称賛・賞美
admire
[アドマイア]

名誉・光栄
honor
[オナー]

---

respect 必ずしも好きではない人（地位）であっても尊敬ができれば使います。
> Loveがなくてもok

例）I have respect for my teacher.（先生を尊敬しています）

admire 尊敬＋あこがれ＋ラブ（＝まなざし）です。
> Loveあり！

例）I admire that Picasso painting.（ピカソの絵が大好きです）

honor 心の深いところでその（人の）価値を認めることを言います。
> フォーマルな場面で使う！

例）We honor the sacrifice of the soldier.（私たちは犠牲になった兵士の名誉を讃えます）

Chapter 4
学校・オフィス

学生さんなら学校の先生と、社会人の方なら仕事場で主に使う表現を集めました。目上の方や取引先など、丁寧な言葉遣いをここでチェックしておきましょう。

81

TRACK 81

Please help me.
[プリーズヘウプミィ]

よろしく
おねがいします

日本語では事あるごとに「よろしくお願いします」と言うように、英語で何かを頼むときの丁寧な表現がこれです。

サクサク使える 使い方

Please help me.
よろしくお願いします。

I'll do what I can.
やるだけやってみます。

単語
help 動 手伝う、助ける

I will never forget your kindness.

[アイウィゥ**ネ**ヴァーフォ**ゲ**ッチュア**カ**インネス]

TRACK 82

このご恩は けっして わすれません…!!

何かをしてもらった相手の親切や好意に対して感謝する表現です。

サクサク使える 使い方

I will never forget your kindness.
このご恩はけっしてわすれません。

I'm glad I could help.
お役に立ててうれしいです。

単語	
never 副	決して〜ない
forget 動	忘れる

83
TRACK 83

All is well!
[オールイズウェル]

だいじょうぶです♪

「万事(ばんじ)うまくいっています」と相手を安心させたいとき、使える表現です。日常会話でもビジネスシーンでもよく聞く言葉です。

サクサク使える 使い方

- Is everything OK?
  もろもろ大丈夫かな？

- All is well!
  万事(ばんじ)うまくいっています！

単語
- everything 代 何もかも、万事
- all 名 すべて
- well 副 申し分なく、満足に

Sorry to trouble you.
[ソーリィ トゥー トゥラボゥユー]

TRACK 84

お手数おかけします

---

troubleはトラブルだけではありません。「面倒(めんどう)をかける」「手をわずらわせる」という意味もあり、忙しい相手に何かをお願いするときなど、この表現を使います。

サクサク使える 使い方

Sorry to trouble you.
お手数をおかけします。

That's OK.
いいよ。

単語
trouble 動 やっかいをかける、わずらわせる

85
TRACK 85

I'll go check it out.
[アイウゴーチェッキラウ]

チェックしてみます!

---

check it out で「〜をチェックする、調べる」「〜についてもっと情報を得る」という意味があります。go をつけると、「チェックしてきます」とどこか別の場所に向かうニュアンスが出せます。

サクサク使える 使い方

What was that sound?
あの音はなんだろう?

I'll go check it out.
チェックしてみます。

単語
sound 名 音
check 動 調べる、点検する

Only do what you can.
🔊 [オンリィドゥワッチューキャン]

TRACK 86

ごムりなさらず!!

何かをお願いしたり、仕事を依頼したあと、そんなに根（こん）をつめて無理（やり）する必要ありませんよ、と過度なプレッシャーを和らげたいときのフレーズです。

サクサク使える 使い方

Do you need everything by tomorrow morning?
明日の朝までにすべてが必要ですか？

Only do what you can.
できる範囲でしてくれればいいよ。

単語
only 副 ただ〜だけ

87

TRACK 87

I got lucky.
[アイガッラッキィ]

たまたまです!!!

「実力じゃなく、たまたま運がよかっただけだよ」というときのフレーズです。謙遜するときにもよく使われています。

使い方

> You are talented!
> あなた才能あるわね！

> I got lucky.
> たまたまです。

単語

talented 形 才能のある、有能な
lucky 形 運のよい、幸運な

I'll do my best... from tomorrow.

🔊 ［アイウドゥマイベス フロムトゥモロウ］

明日から本気だす

明日からじゃなく今日からやりなさいよ、とつっこみたくなるところが笑えます。つっこみ方を知りたい人は、下の例文でチェック！

サクサク使える 使い方

I'll do my best... from tomorrow.
明日から本気だします。

You said that yesterday!
それ昨日も言った！

単語
- do my best　ベストを尽くす
- said 動　say（言う）の過去形
- yesterday 副　昨日

89
TRACK 89

I made a mistake.
[アメイダ ミステイク]

忘れて!!

まちがえました！

何かミスした、見誤った、不正解だった。こんなときは mistake の出番です。

サクサク使える 使い方

I made a mistake.
まちがえました。

Can you fix it?
修正できる？

単語
mistake 名	間違い、ミス
fix 動	修正する、修理する

Putting that aside,

[プティンダッアサイド]

そ␣れはさておき

それまで話していた内容から一転、ほかの話題に触れたいときに使います。
aside は「わきへ」という意味です。By the way（ところで）という表現も
ありますが、こちらはより無関係な話題へ向かう際によく使われます。

サクサク使える 使い方

Putting that aside, we need to change the color first.
それはさておき、まずカラーを変えないと。

I agree.
そう思います。

単語

aside	副	わきに、かたわらに
color	名	色
agree	動	同意する

91

It'll be just a moment.
🔊 [イオビィ ジャスタ モーメン]

しばし おまちください

momentとは「瞬間」「ちょっとの間」という意味です。it（それは）will be（現れます）just a moment（ほんの少しで）、つまり「ちょっとだけ待ってください」を表します。

サクサク使える 使い方

It'll be just a moment.
しばしお待ちください。

OK, I'll wait right here.
はい、ここで待っています。

単語
moment	名	ちょっとの間
right	副	まさしく、きっかり

I'll be waiting.
🔊 [アイウビィ**ウェ**イティン]

TRACK 92

おまちしてます!

アポをとり、いずれ来てくれる来訪者に対して、「待ってます」と伝えるときの表現。willではなく、I'm waiting. であれば、「今、お待ちしているところです」という進行中の状況になります。

サクサク使える使い方

- We will come again soon.
  またすぐに伺います。

- **I'll be waiting.**
  お待ちしています。

単語
come 動	やってくる
wait 動	待つ

93

TRACK 93

I'm terribly sorry.

[アイム **テ** リブリィ **ソ** ーリィ]

申しわけありません…!!

terribly によって「ひどく、とても、非常に」という謝罪の深さを示すことができます。

サクサク使える 使い方

I'm terribly sorry.
申し訳ありません。

Please be more careful next time.
次はもっと慎重にお願いします。

単語

terribly	副	ひどく、非常に
more	副	もっと
careful	形	注意深い、慎重な

Ten four.

🔊 [テンフォー]

りょうかいです!

無線通信の10コード (APCO Ten Signals) の4番目を表すユニークな言い方です。Ten four. で「了解」を示すことができます。I got it. [アイガリッ] でも同じ意味で通じます。

サクサク使える 使い方

Honey, take out the garbage.
ねえあなた、ゴミを出してきてくれない?

Ten four.
了解。

単語
honey 名	かわいい者
take out	出す
garbage 名	ゴミ

I'll get back to you.
[アイウゲッバックトゥユー]

あとで れんらく します!!

電話を「かけなおす」とか、「折り返す」といった場合にも、get back を使います。

サクサク使える 使い方

I'll get back to you.
あとで連絡します。

When?
いつ?

単語
get back　かけなおす、あとで連絡する

I was never told.

[アワズネヴァートウルド]

きいてません…

この英文の told は tell(話す、言う)の過去分詞形で、was told(言ってもらって) いないと受け身の構造になっています。never は「一度も〜ない」という意味です。

サクサク使える 使い方

> I was never told.
> 聞いてません。

That's hard to believe.
信じがたいな。

単語
- told 動 tell（言う、伝える）の過去形
- hard to 〜しがたい

TRACK 96

125

97
TRACK 97

Sorry not to be of help.
[ソーリィ **ナ**ットゥビィオブヘゥプ]

お役にたてず
すみません…

help(助けに) not to be(ならなくて) sorry(すみません) という構造です。
役に立てないことを、help を否定することで表現しています。

サクサク使える 使い方

Sorry not to be of help.
お役に立てず、すみません。

That's OK, I understand.
いいのよ、よくやってくれたわ（わかってる）。

単語
help 名 助け
understand 動 分かる

You deserve to rest.
[ユーディザーヴトゥレスト]

おつかれさま..

---

deserve は「〜に値する」という意味です。それまで休むことなく一心に何かに取り組んだ人に対して、「あなたは休みに値する=あなたは休みを取らなきゃいけないほど十分働いた」と、ねぎらう気持ちが込められています。

サクサク使える 使い方

You deserve to rest.
ほんとにお疲れさまだよ。

Thank you, see you in a few days.
ありがと、じゃあ 2,3 日後にね。

単語
deserve 動	〜を受けるに足る
rest 動	休む、休憩する
a few days	2,3 日

TRACK 99

Leave it to me!
🔊 [リーヴィットゥミィ]

おまかせ下さい！

---

leave というと「解放する」「去る」を表す動詞です。leave it (それを解放して) to me (私のほうへ)。つまり、「私に任せて」という表現になります。

サクサク使える 使い方

Where can we find such a hammer?
そんな金づち、どこで見つかるかな？

Leave it to me!
おまかせ下さい！

単語
find 動 見つける
hammer 名 金づち
leave 動 残す、任せる

No idea in the world!

🔊 ［ノウアイディアインダワールド］

> わかりません！！

No idea（アイデアがない）で「わからない」を表現できます。ここでは、「まったくもって、わからない！」と"わからなさ"を強調するため、in the world をつけて言います。

サクサク使える 使い方

Why did she hit him?
どうして彼女は彼をなぐったんだろう？

No idea in the world!
まったくわかりません！

単語
hit	動	なぐる
idea	名	思いつき、アイデア

TRACK 100

101

TRACK 101

I'm in the middle of something.

[アイミンダ**ミ**ドゥオブ**サム**スィン]

今ちょっと 手が はなせません

the middle of something で「何かに取り組んでいる最中」を表します。人に話しかけられたものの、「手が離せないからちょっと待ってね」と言いたいときに便利な表現です。

サクサク使える 使い方

Look at this.
これ見てよ。

I'm in the middle of something.
今ちょっと手がはなせません。

単語
middle 名 真ん中、中央
something 代 何か、あること

You're a lifesaver.
[ユアーアライフセイヴァー]

TRACK 102

たすかります!!

窮地を救ってくれるのが、lifesaver（人命救助隊・救命道具）。何かを助けてもらったとき、感謝の意を込めて使う表現です。

サクサク使える 使い方

Take this money.
このお金を持ってきな。

You're a lifesaver!
たすかります！

単語
lifesaver 名　苦境を救ってくれる人

TRACK 103

I don't have time for this. Really.

[アイドンハヴタイムフォアディス リーリィ]

こんなこと してる 場合じゃないですよ

ほんとに…

本当はほかに優先すべきことがあるのに、目の前の雑多なことをさばかなければならないときや、勉強しなければならないのに、ゲームを止められないときなどに使える表現です。

サクサク使える 使い方

You're still in front of your computer?
あなた、まだパソコンの前にいるの？

I don't have time for this. Really.
こんなとしてる場合じゃないんだけど、ホント。

単語
in front of	～の前に
computer 名	パソコン、コンピューター
really 副	本当に、実際に

Let's give it our best.
🔊 [レッツギヴィダワベスト]

ともにがんばりましょう！

自分ひとりではなく、チームで「気合を入れていくぞ！」というニュアンスで言うときによく使います。

サクサク使える使い方

We are on the same team.
同じチームになりましたね。

Let's give it our best.
ともにがんばりましょう！

単語
team	名	チーム
give	動	与える
best	名	最善

105

TRACK 105

It's been a little hectic.

🔊 ［イッツ ビーナ リル ヘクティック］

ちょっと バタバタ してました

バタ バタ バタ

---

hectic は、「（仕事などが）非常に忙しい」という意味の形容詞です。

サクサク使える 使い方

The deadline was yesterday.
締め切りは昨日だったぞ。

It's been a little hectic. Sorry.
ちょっとバタバタしていて。すみません。

単語
hectic 形 多忙をきわめた、てんてこまいの

It might be a tad difficult.

🔊 [イッマイビィアタッド**ディフィクルト**]

ちょっと きびしい かもです……

---

a tad で、「ちょっぴり」という意味があります。はっきり断りたくないけど、受け入れるのは正直むずかしいという微妙なときに使います。

サクサク使える 使い方

We want this tonight.
私たちは今夜ほしいんだ。

It might be a tad difficult.
それはちょっときびしいかも、です。

単語
tad 名　少量、わずか
difficult 形　難しい

107

TRACK 107

Do you have a few minutes?

[ドゥユーハヴァフューミニュッツ]

ちょっと ご相談 したいことが....

---

a few minutes は「2〜3分」という意味です。「2〜3分ありますか」という言い方で相談を持ちかけることは多いです。ストレートに I'd like to discuss something.（相談したいことがあるんですが）という言い方もあります。

サクサク使える 使い方

Do you have a few minutes?
ちょっとご相談したいことがあるのですが。

Sorry, can you come back in an hour?
すまない、1時間後にまた来てくれないか。

単語
a few minutes　2〜3分
in an hour　1時間後に

Time for a break.
🔊 [タイムフォアブレイク]

TRACK 108

ちょっと休みます

ドサッ…

「休憩の時間」という意味で、「はい、休憩」みたいに使えます。It's break time.、I need a break. も同じ意味で使えます。

サクサク使える 使い方

Time for a break.
ちょっと休みます。

You're right. We've been working non-stop!
そうね。私たち、休憩なしで働いてきたもの。

単語
- break 名 小休止、休み時間
- non-stop 副 連続で、無休憩で

109

TRACK 109

It's been sent.
[イッツビーンセント]

ポーン
送りました

メールでやりとりしていた相手に「送ったよ」と伝えるときのフレーズです。

サクサク使える 使い方

When will I get the answer?
いつ返事をもらえますか？

It's been sent.
メール送ってますよ。

単語
- answer 名 返事
- sent 動 send（送る）の過去分詞形

Certainly, sir.

[サーテンリィ サー]

かしこまりました

ホテルマンや接客業に就いている人が、お客さんに対して言うことが多い表現ですが、一般の人でも目上の方に対して使うことがあります。相手が男性の場合はsir、女性の場合はma'am [マアム] をつけます。

サクサク使える 使い方

I'd like a late checkout, if possible.
できればレイト・チェックアウトしたいんですが。

Certainly, ma'am.
かしこまりました。

単語

late 形	遅めの
check out	チェックアウト
if possible	もしできるなら
certainly 副	承知しました、もちろんです
ma'am 名	奥様、お嬢さん

111

TRACK 111

I would if I could.
[アイ ウッ イフ アイ クッ]

そうしたいのは山々なんですけどね、

気持ちとは裏腹にどうしてもできない、やってあげられないとき、こう言えば伝わります。

サクサク使える 使い方

> I would if I could.
> そうしたいのは山々なんですけど。

> I understand.
> わかったよ。

単語
would 助	（仮定の）〜しましょう
could 助	（仮定の）〜できたら
understand 動	理解する

I'll make sure.

[アイウメイクシュア]

TRACK 112

仕事に集中していても、上司や同僚など仲間からのお願いであれば、てきぱき手際(てぎわ)よく、こんなふうに言ってみたいものです。

サクサク使える 使い方

Is this right?
これは合っていますか？

I'll make sure.
確認します。

単語
- right 形 合っている
- make sure 確かめる

113

TRACK 113

It should be OK.
[イッシュビィオーケイ]

だっ…だいじょうぶですよ!!

ちょっと自信がないけど、まあ何とかなるかな……という微妙な状況で使うフレーズです。

サクサク使える 使い方

Can you break the code?
その暗号、君に解けるかい？

It should be OK.
だ、だいじょうぶですよ。

単語
break 動　打ち破る、解く
code 名　暗号

Please hold.

[プリーズ**ホウルド**]

しばらく お待ち下さい

ほかの誰かに電話を取り次ぐときに使う表現です。音声の自動案内では、「Thank you for continuing to hold.」や「We appreciate your patience. Please continue to hold.」、「Thank you for holding.」など同じ意味でよく聞きます。

サクサク使える 使い方

May I speak to Mr. Smith?
スミスさんはいますか？

Please hold.
しばらくお待ち下さい。

単語
May I ～ ?　～してもいいですか？
speak 動 話す
hold 動 （ある状態・位置に）保っておく

COFFEE BREAK

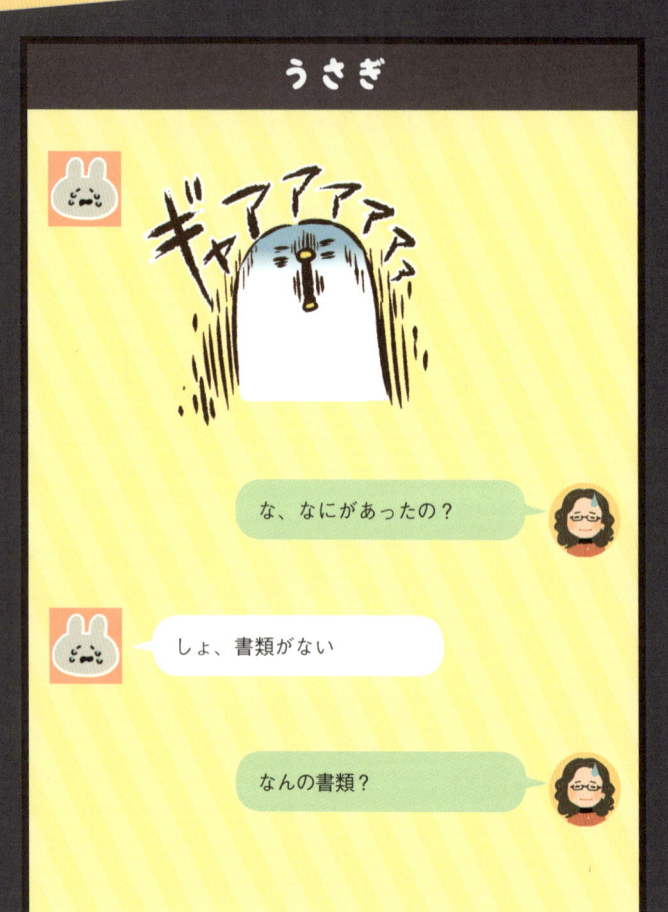

☕ Aghast

うさぎ

ギャアアアア

な、なにがあったの？

しょ、書類がない

なんの書類？

> 先生の原稿……

> 先生ってどこの先生？

> いや、その、リサ先生……

> ……。

> すみませーん

> こういうときの英語表現もわかりやすくまとめておきましょう（怒）

青ざめる（怖い）の仲間

青ざめる
aghast
[アガースト]

突然でギクリ
startled
[スタトルド]

怖い
scared
[スケアド]

ぼう然
shocked
[ショックトゥ]

- aghast　　青ざめて、ギョッとして声も出ない
- startled　突然のことで驚いた、びっくりした、心臓が飛び出ると思った
- scared　　おびえる、怖い（身の危険）
- shocked　ぼう然

Chapter5
とっさのとき

切羽(せっぱ)つまったときや、緊急時に使える英語表現もチェックしておきましょう。これらがパッと口から出るようになれば、いろいろなシーンで活躍するでしょう。

115

TRACK 115

Objection, your honor!

[アブジェクション ユア アナー]

異議あり!!

動詞 object（反論する）の名詞化です。何かに即刻反対したいとき、使える表現です。下の例文のように、遅刻の理由とか、わりと軽い会話や冗談を交えて使うことが多いです。your honor! は「裁判官!」のような高位な人に対する呼びかけです。

サクサク使える 使い方

> You are always late.
> 君はいつも遅刻だね。

> Objection, your honor! I came on time yesterday.
> 異議あり！ 昨日は時間通りに来たよ。

単語

objection 名	反対、異議
honor 名	（高い地位の人への敬称に用いて）閣下(かっか)

Help!
[ヘォプ]

TRACK 116

116

助けを呼ぶときの言葉です。発音に少し気をつけたい。「ヘルプ」と言っても通じるでしょうが、正確には「ヘォプ」に近い音になります。

サクサク使える 使い方

> Help! Help!
> 助けて！助けて！

> What happened?
> 何があったんだい？

単語
help 動 助ける
happen 動 起こる、降りかかる

117

TRACK 117

Apologies, apologies, apologies.

🔊 ［アパラジーズ、アパラジーズ、アパラジーズ］

すいませんすいません
すいませんすいません
すいませんすいません
すいませんすいません
すいません すいません

謝るときの表現は sorry だけではありません。apology もそのひとつで、apologies はその複数形です。このイラストのように、切羽つまってどうしようもないとき、apologies を連発する詫び方もあります。

サクサク使える 使い方

You forgot again!
おまえまた忘れたのか！

Apologies, apologies, apologies.
すいません、すいません、すいません。

単語

apology	名	謝罪、わび

I've reported it.

[アイヴリポーティディ]

TRACK 118

通報しました

reportというと「報告する」という意味のほうがピンと来るかもしれませんが、警察などへ「通報する」と言いたい場合もこれを使います。「通報した」だけなら I reported it. と過去形で OK ですが、「通報したので警察に伝わっています」という継続のニュアンスを出すため、ここでは現在完了の have を使っています。

サクサク使える 使い方

> Did you see that car accident?
> あの自動車事故を見た?

> I've reported it.
> (私が)通報しました。

単語

accident 名	事故
report 動	伝える、通報する

119

TRACK 119

It's just between us.
[イッツジャスビトゥウィーナス]

シーね、

betweenは2つのものの間を表す前置詞。「あなた」と「私」の間だけの秘密ですよというニュアンスです。

サクサク使える 使い方

It's just between us.
ここだけの話だよ。

I won't say a word.
ひとことも言わないよ。

単語
between	前	2つの間に
word	名	言葉

What was that?
🔊 [ワッワズダッ]

TRACK 120

何かをうまく聞き取れなくて、「たんによくわからない」「よく意味がつかめない」というようなときは、What was that? と言いましょう。きょとん、としてしまうシチュエーションで使えます。

サクサク使える 使い方

> **What was that?**
> なんだって？

> **Let me put it another way.**
> 言いかえましょう。

単語
put it another way
別の方法で言いかえる

COFFEE BREAK

Laugh

うさぎ

あら、なあに、なあに？

気になってた子がメッセージくれました

まあ！ うれしくて笑っているのね？

> いや、そうじゃないです

? ? ?　じゃあ、なんで笑ってるの？

> その子、変換ミスで「帰る途中」が「カエルとチュウ」になっていて

本当はカエルが好きだったりして。君じゃなくて

> うっ……

笑うの仲間

にっこり
smile
[スマイル]

歯を見せてニコッと
grin
[グリン]

ふふふ
chuckle
[チャクル]

くすくす
giggle
[ギグル]

にやにや
smirk
[スマーク]

あはは
laugh
[ラフ]

爆笑する
burst out laughing
[バーストアウトラフィン]

- **smile** 微笑、スマイル
- **grin** スマイルよりも大きな笑顔
- **chuckle** ふふふ、と独りでにやつく
- **giggle** たあいもないことで、くすくす
  例）She giggles at everything.
  （彼女は何を見てもくすくす笑う）
- **smirk** にやにや
- **laugh** あはは、と声を出して
- **burst out laughing**
  プフーッと吹き出す、爆笑する

完

●著者紹介

イラスト：カナヘイ　Kanahei

イラストレーター・漫画家。
自作待受画像の配信から全国でブームとなり、2003年に現役女子高校生イラストレーターとして『Seventeen』（集英社）にてプロデビュー。
以降、出版、モバイルコンテンツ、企業広告、キャラクターコラボ、『りぼん』（集英社）での漫画連載など、さまざまな媒体で幅広く活動を続け、20～30代の男女を中心に多くのファンを持つ。
「ピスケ&うさぎ」を中心とした「カナヘイの小動物」シリーズは国内外でグッズ展開されており、LINE Creators Stamp AWARD で準グランプリ（2014年・2015年）、グランプリ（2016年）を受賞。

文：リサ・ヴォート　Lisa Vogt

アメリカ・ワシントン州生まれ。メリーランド州立大学で日本研究準学士、経営学学士を、テンプル大学大学院にて TESOL（英語教育学）修士を修める。専門は英語教育、応用言語学。2008年から NHK ラジオ「英語ものしり倶楽部」講師を務め、現在、「実践ビジネス英語」のテキストを担当。現在、明治大学特任教授、青山学院大学非常勤講師として教鞭を執りながら、異文化コミュニケーターとして新聞・雑誌のエッセイ執筆など幅広く活躍。一方、写真家として世界6大陸50カ国以上を旅する。最北地は北極圏でのシロクマ撮影で BBC 賞受賞。最南地は南極大陸でのペンギン撮影。
著書『魔法のリスニング』『魔法の英語 耳づくり』『魔法の英語なめらか口づくり』『100万回ネイティブが使っている英会話決まり文句』『超一流の英会話』『単語でカンタン！旅じょうず英会話』（Jリサーチ出版）ほか多数。

イラスト	カナヘイ
企画	MC Planning, Inc.
カバーデザイン	秋田綾
本文デザイン / DTP	株式会社レミック
CD ナレーション	Carolyn Miller
	Rachel Walzer
	藤田みずき

カナヘイの小動物
ゆるっと♡カンタン英会話

平成27年（2015年）10月10日　初版第1刷発行
平成30年（2018年）　7月10日　　第4刷発行

著者	カナヘイ／リサ・ヴォート
発行人	福田富与
発行所	有限会社Jリサーチ出版
	〒166-0002　東京都杉並区高円寺北2-29-14-705
	電話　03(6808)8801(代)　FAX 03(5364)5310
	編集部　03(6808)8806
	http://www.jresearch.co.jp
印刷所	株式会社　シナノ パブリッシング プレス

ISBN978-4-86392-243-3
禁無断転載。なお、乱丁・落丁はお取り替えいたします。
©2015 kanahei / TXCOM, Lisa Vogt / MC Planning, Inc. All rights reserved.

カナヘイの家
http://www.kanahei.com/

LINE@で最新情報を配信してます！ぜひ友達登録してね➡

※LINEアプリまたはブラウザアプリで接続してください